# NOTES

## POUR SERVIR A L'HISTOIRE ECCLÉSIASTIQUE

## DU DIOCÈSE D'AMIENS

# NOTES

POUR SERVIR A

# L'HISTOIRE ECCLÉSIASTIQUE

## DU DIOCÈSE D'AMIENS

PAR LE VIDAME DE PICQUIGNY

I

EN VENTE

A LA LIBRAIRIE HECQUET, RUE DELAMBRE

AMIENS

# AVERTISSEMENT

Dans le cours des publications que nous commençons aujourd'hui, il peut se faire que notre plume trahisse notre volonté, et que nous tombions dans l'irrévérence envers quelques personnes revêtues d'un caractère que nous respectons. Nous en serions désolé, et nous ferions appel, pour toute excuse, au F. Jean de Picquigny, des Minimes, le panégyriste de Mgr Jacquenet, qui appelle le cardinal Mathieu, Mgr Dupanloup et quelques autres prélats, des *conspirateurs mitrés voulant arriver à leur but en tapinois ;* et traitant encore le vicaire général de l'archevêque de Besançon, de *chien couchant... qui se mit à pousser des hurlements*, etc., en assistant officiellement à un sermon dont le prédicateur ne lui plaisait pas.

Le langage de ce frère Minime envers un prince de l'Eglise et ses supérieurs ecclésiastiques, sera pour nous, simple profane, une circonstance atténuante que nous pourrons invoquer, quoique décidé à ne pas nous mettre dans le cas d'en profiter.

Pour le travail que nous commençons, nous nous sommes entouré de renseignements que nous croyons exacts, il se peut néanmoins que nous commettions quelques erreurs. — Nul n'est infaillible dans les choses de ce monde. — Notre bonne foi étant complète, nous nous déclarons prêt à accueillir toutes les rectifications qui nous seront adressées, et à les insérer en tête de notre prochain cahier.

*Le Vidame de Picquigny.*

# NOTES

POUR SERVIR A

# L'HISTOIRE ECCLÉSIASTIQUE

## DU DIOCÈSE D'AMIENS

PAR LE VIDAME DE PICQUIGNY

## I

La nomination de Mgr Jacquenet au siège épiscopal d'Amiens, tomba comme un coup de foudre dans le diocèse. On disait que ce prélat avait porté le trouble administratif dans le diocèse de Gap, et que Mgr Guilbert aurait plutôt refusé l'archevêché de Bordeaux que l'avoir une seconde fois pour successeur? Les appréhensions du clergé et des fidèles étaient donc profondes, lorsque parut la *Vie de Mgr Jacquenet*, par le Fr. Jean de Picquigny (alias Mgr Fèvre, prélat du Pape et curé dans une petite ville de l'Est). L'ouvrage fut lu avec un vif intérêt et, naturellement, vivement commenté.

Mgr Jacquenet, nous dit l'auteur de cette biographie, est né en 1816, près Pontarlier; enfant, il se montra pieux et doux; séminariste, il fut laborieux et plein d'un noble enthousiasme; professeur de dogme et directeur du grand séminaire, il se montra calme, simple, clair et bon surtout. Pendant son professorat, il commence à combattre le gallicanisme que défendait le cardinal Mathieu, son archevêque; la guerre éclate entre lui et les ultra-gallicans; ses élèves le sifflent, et le tapage de ses cours ne cesse qu'après l'expulsion du séminaire des plus séditieux.

Un peu après, il se brouille mortellement avec son meilleur ami qui «encourageait à le combattre» ; la lutte prend de grandes proportions et «pendant que les autres brûlaient les cartouches, M. Jacquenet coulait les projectiles». Mgr Mathieu expulse de son diocèse le *couleur de projectiles*, qui se réfugie près de Mgr Gousset, archevêque de Reims, lequel le prend pour secrétaire à la place de son neveu. M. Jacquenet collabore aux œuvres de son archevêque; son travail est obscur, «nous ne pouvons, dit Jean de Picquigny, le distinguer assez pour apprécier son genre de travail».

Mgr Gousset lui accorde le rang de vicaire général; dans ce poste, il se montre affable et plein de respect pour les curés; ensuite, il devient curé de Saint-Jacques de Reims, où on lui donne des vicaires de son choix; après la mort de l'archevêque, «on lui choisit, paraît-il, les vicaires les plus difficiles à vivre pour désoler sa patience».

En 1862, il accompagne Mgr Gousset à Rome et fait partie de la commission de théologie dogmatique réunie par Pie IX.

En 1881, M. Jacquenet est nommé évêque de Gap, où il reste trois ans, et vient à Amiens en 1884.

D'après le Fr. Jean de Picquigny, Mgr Jacquenet «est simple, d'égale humeur, toujours ses propos et ses actes sont marqués par un accent de bonté où une pointe de gaieté... son tempérament est de miséricordieuse indulgence..... Ce n'est pas un volcan qui épanche sa flamme; mais il échauffe comme un volcan sans cratère, par une irradiation continue».

Mgr Jacquenet a écrit plusieurs vies de missionnaires, le *Manuel du Pèlerin*, l'*Histoire du séminaire de Besançon*, ouvrage interrompu. « Il possédait tout pour écrire des livres de théologie, surtout près de Mgr Gousset, il pouvait publier son cours ; mais il se borna, sur l'avis de son archevêque, à écrire ses observations critiques, pour combattre la théologie de Bailly. »

Nous terminerons ces courts extraits, en disant que Mgr Jacquenet fut créé, par Léon XIII, comte romain et assistant au Trône pontifical et en ajoutant que lui-même nomma Mgr Fèvre, son biographe, vicaire général honoraire ; cette nomination ne parut pas à l'*Officiel* de l'évêché ; mais elle figure dans l'*ordo* du diocèse.

---

Mgr Jacquenet arriva à Amiens avec M. Dewokowski, plus tard chanoine honoraire de la Cathédrale. Cet abbé que l'on dit être Polonais-Allemand ; mais qui, en tous cas, est électeur français, possède toute la confiance de l'évêque ; il aurait même une certaine influence sur lui, car plusieurs de ses pronostics se sont réalisés à point pour donner à le penser.

Dès son installation, Mgr Jacquenet rompit avec le Chapitre, son conseil né ; il ne s'inspira que de lui-même et de conseillers intimes que l'opinion générale dit être M. Dewokowski dont nous venons de parler, et M. Vitasse que nous retrouverons plus loin. — Cet ortracisme envers les chanoines, outre qu'il laisse soupçonner l'orgueil, il semble justifier la suppression des membres du Chapitre dont l'Etat méconnait l'utilité. — Les vicaires généraux ne furent plus appelés à donner leur avis dans les cas les plus légitimes, et les notes du supérieur du séminaire, jusqu'à présent jugées indispensables, pour le placement intelligent des jeunes prêtres, furent jetées au panier.

Les chanoines sacrifiés par Mgr Jacquenet ou à cause de lui, furent MM. Fallières, Renouard, Crampon, Duval, etc., entourés d'ailleurs de l'estime générale.

M. Fallières, venu dans le diocèse à la suite de Mgr Boudinet, était parvenu à acquérir une grande considération ; les fonctions de vicaire général l'avaient mis en rapport avec le clergé tout entier et toutes les notabilités du département ; il connaissait les prêtres et les paroisses dans leurs moindres détails. Il se peut qu'il n'ait pas fait que des contents, c'est l'histoire de tous les juges qui ont à prononcer entre deux parties ; mais son impartialité, son jugement et sa droiture lui méritèrent une sympathie qui a survécu à son départ.

Par l'élévation de son caractère et sa distinction naturelle, il avait accès dans les plus grandes familles, comme par ses lumières il était consulté dans les circonstances les plus délicates. Ce fut à lui qu'échut la lourde charge de défendre l'enseignement congréganiste contre la laïcisation ; il eut de ce côté de fortes luttes à soutenir et se fit des adversaires puissants qui retardèrent son avènement à l'épiscopat. Il défendait, un principe, et s'il ne le fit pas triompher, c'est que son triomphe était humainement impossible.

Lorsque le départ de Mgr Guilbert fut chose connue, le bruit se répandit que son successeur serait l'évêque de Gap. « Dieu nous préserve de Mgr Jacquenet ! » se serait écrié M. Fallières. Ce cri de détresse, pour le diocèse, devait le perdre.

Ce fut Mgr Lamazou qui fut nommé, mais il mourut en route, et, contrairement à la promesse faite à Mgr Guilbert, Mgr Jacquenet vint le remplacer à Amiens. M. Fallières, qui connaissait l'histoire du diocèse de Gap, prévint une disgrâce immanquable, en partant pour Bordeaux où l'archevêque l'appelait au vicarial général.

Sa récente nomination d'évêque de St-Brieuc fut lettre morte pour l'évêché d'Amiens, mais non pour le clergé picard qui lui envoya les meilleurs de ses vœux ; il eut même la consolation de voir qu'il n'avait pas laissé d'ingrats, car la première lettre de félicitations qu'il reçut fut d'un prêtre à qui il avait ouvert la porte de l'évêché.

Le jour de son sacre, Mgr Fallières se souvint du diocèse d'Amiens et en parla avec effusion. « Il aurait manqué à toutes les grâces de ce jour, dit-il à Pons, une bénédiction et une joie si le diocèse d'Amiens n'avait été représenté dans ce groupe imposant, image de la Trinité Sainte, qui formait à l'autel le pontife consécrateur et les deux évêques assistants. Grâce à Mgr Renouard, je n'ai à exprimer ni un regret ni une tristesse ; il m'est doux de saluer en sa personne le clergé et les fidèles de notre chère Picardie. »

Les desseins de Dieu étant impénétrables, qui sait si un jour Mgr Fallières ne sera pas évêque d'Amiens ?

M. Renouard, ancien doyen de Gamaches, archiprêtre de Doullens, avait été appelé au grand vicariat par Mgr Guilbert. Dans ces délicates attributions, par son aménité, sa douceur, son esprit de conciliation, il sut conquérir l'estime de tout le clergé picard dont il avait déjà toute la sympathie.

Après la première visite qu'il rendit à Mgr Jacquenet, il était fixé sur le sort qui l'attendait! Effectivement, bientôt ses fonctions devinrent une sinécure, et on ne lui laissa plus qu'un emploi de copiste! Froissé dans sa dignité, M. Renouard quitta son bureau, rentra dans le rang et ne s'occupa plus que de ses devoirs de chanoine, jusqu'au jour où on le nomma évêque de Limoges.

L'histoire de sa nomination à l'épiscopat se rattache trop à notre sujet, pour que nous ne reproduisions pas les lignes suivantes qui s'y rapportent particulièrement.

« Il y a trois ans, le nouvel élu fut, pour la première fois, classé dans le rang des épiscopables; malheureusement quelques paroles, assez inoffensives, prononcées en public, vinrent le compromettre... M. Renouard bénissait l'union d'une parente de M. Deberly, et, dans l'allocution d'usage, il glissa un compliment à l'*éloquent* député de la droite.

« M. Goblet, qui était alors ministre des cultes, s'irrita et M. Renouard cessa d'être pour lui *persona grata*, quoiqu'il le connût et l'appréciât depuis trente ans. Ce ne fut que la bonne intervention de M. Vion, leur ami commun, qui les réconcilia et aussi l'influence de Mgr Guilbert, ancien évêque d'Amiens.

« Trois ans plus tard, — il y a de cela cinq mois, — M. Renouard était mandé par le Directeur des Cultes, qui lui fit part de l'intention du Gouvernement de le nommer évêque. L'honorable chanoine ne crut pas devoir refuser ce que, euphoniquement, on nomme le *fardeau de l'épiscopat* : il accepta.

« Par une curieuse coïncidence, le même jour M. Renouard se trouvait à Paris en même temps que Mgr Jacquenet, et tous deux étaient descendus dans la même communauté. Quoique Monseigneur tînt à ne pas se rencontrer avec son subordonné, celui-ci insista pour être reçu, et lui fit part de son entretien au ministère. Mgr Jacquenet écouta et répondit à plusieurs reprises : *Si c'est la volonté de Dieu !*

« Cependant quelques difficultés paraissent surgir : M. Renouard se rend à l'évêché pour s'en entretenir. *Votre nomination n'est que justice*, lui dit Mgr Jacquenet, *Ce n'est que justice... Dès aujourd'hui je vais en écrire à la Cour de Rome... Considérez la chose comme faite.* Avant de se retirer, M. Renouard, plein d'espoir et de reconnaissance, pria Mgr Jacquenet d'être son consécrateur. Sa Grandeur accepta...., Le troisième ou le quatrième jour, sa nomination paraissait à l'*Officiel*. La lettre à Rome était inutile.

« A quelque temps de là, M. Renouard se rendit à Paris. — *Vous avez fini par vous entendre avec votre évêque?* lui dit en le saluant le Directeur des Cultes — *Mais, très bien; très bien... — Ah!... c'est que nous avons une lettre de quatre pages contre vous.*

« Le Directeur borna-t-il sa confidence à ces mots?

« A la Nonciature, où il alla ensuite, M. Renouard fut reçu par Mgr Averardi à qui il raconta ce qu'il venait d'apprendre ... *On a eu tort de vous parler de cette lettre,* lui dit le secrétaire. *En connaissez-vous le contenu? — (???) — Il ne faut plus penser à cela. Mgr d'Amiens a pu craindre que votre nomination ne lui fît du tort dans son diocèse... Il faut lui pardonner ...*

« Voici maintenant ce qui se dit : Mgr. Renouard était accusé : 1° D'être incapable, manquant d'instruction et d'éducation ; 2° D'avoir mal administré une communauté religieuse ; 3° D'avoir écrit contre son évêque ; 4° D'avoir laissé jouer, dans une pièce de théâtre, des petites filles habillées en garçon. — Un jour devant MM. Renouard, Mollien et Vitasse et les parents des élèves, une jeune enfant avait revêtu une veste et coiffé un casque de pompier!...

« La grande manifestation du clergé, le jour du sacre, a répondu à ces accusations. »

Les relations entre les évêques d'Amiens et de Limoges sont restées courtoises: Mgr Jacquenet est chanoine d'honneur de Limoges, et Mgr Renouard, chanoine d'honneur d'Amiens.

Mgr Renouard est demeuré l'homme plein de générosité. A Limoges, il a respecté l'état de choses créé par un prédécesseur dont les facultés étaient affaiblies par un long apostolat; il a gardé à son secrétariat un prêtre, son compatriote, dont la suffisance, au dire des prêtres limousins, laisse fort à désirer; mais Limoges n'est pas notre cadre.

Pendant son dernier voyage à Amiens, Mgr Renouard s'est fait humble devant Mgr Jacquenet, sans désarmer sa froideur; la visite qu'il lui a faite au séminaire a péniblement affecté ses amis. Mgr de Limoges deviendra archevêque ; il gagnera des dignités; mais il lui sera difficile de reconquérir en son intégrité l'estime que tout le clergé picard avait pour lui.

M. Crampon, à qui le Fr. Jean de Picquigny veut bien reconnaître «le culte des Ecritures Saintes», est un écrivain distingué, traduisant l'Hébreu avec facilité, familier avec la langue d'Ovide et écrivant le français avec autant de clarté que d'élégance. Il a produit des livres classiques qui font de lui un second frère Philippe, et écrit des ouvrages dont la place est marquée dans les familles chrétiennes et dans les bibliothèques des délicats épris du beau littéraire ; les *quatre Evangiles*, le *livre des Psaumes*, sont des œuvres répandues, non seulement dans toute la France, mais aussi à l'étranger.

M. Crampon est un esprit libéral, comme le sont tous les Sulpiciens, assez ferme et assez indépendant pour s'être brouillé avec M. Goblet sur une question de liberté. Il est membre de l'Académie d'Amiens et de la Société des Antiquaires de Picardie; il possède un amour de l'étude et de son pays qui l'éloigneront toujours de l'épiscopat qu'il a un peu dédaigné et où, assurent ceux qui ont l'autorité de le juger, il aurait marqué parmi les premiers de l'Eglise de France.

En fils respectueux, M. Crampon demande à l'évêque, son père spirituel, l'approbation pour ses ouvrages religieux; il ne saurait rencontrer un prêtre ni un chrétien capable de le désapprouver, pas plus que personne pour le blâmer de fuir les antichambres de l'évêché.

M. Duval, théologien des plus distingués, examinateur au grand séminaire, écrivain, était aussi un prédicateur de mérite, lorsque l'âge lui permettait d'aborder la chaire. Pas un prêtre, peut-être, ne possède autant que lui les paroisses du diocèse; il en connaît les ressources, les besoins et l'esprit des populations. Sous l'Empire il refusa un évêché que le gouvernement lui offrit.

Dès l'arrivée de Mgr Jacquenet, M. Duval eut la mesure du degré de considération que lui et le chapitre devaient attendre de la part du nouvel évêque.

Après le premier sermon que le prélat entendit à la cathédrale, — c'était un jour de Pentecôte, — M. Duval lui présenta le prédicateur qui venait de prêcher le carême pour la seconde fois et avec succès, quoiqu'il n'ait eu que quelques semaines pour se préparer ; c'était un prêtre tout désigné par l'opinion générale pour le canonicat, Mgr trouvait donc l'occasion de récompenser le mérite, de tenir compte du vœu de son nouveau clergé et de faire don de joyeux avènement. Il répondit en homme pour qui le diocèse commençait avec lui...

De ce moment date la tension des rapports entre l'évêque et le chapitre.

M. Duval n'en n'est pas moins resté un homme supérieur, un théologien que l'on consulte de plus d'un évêché .. excepté de celui d'Amiens où on ne consulte personne.

Parmi les chanoines dont le nom était moins en relief, il y avait M. Herbet, encore un théologien de mérite, un prédicateur qui laissa un renom et un homme d'une grande charité ; M. Jourdain, membre de la Société des Antiquaires de Picardie, auteur de plusieurs ouvrages appréciés, bienfaiteur de la Cathédrale ; MM. Hénocque et Deriencourt, anciens supérieurs du petit seminaire, et M. Debarre, arrivé hiérarchiquement, après avoir été à la tête de deux doyennés. Le chapitre était donc, comme il l'est encore, un corps d'hommes éclairés, jouissant d'une considération à laquelle n'ont rien ajouté les éloges du Fr. Jean de Picquigny, si ce n'est à rendre plus incompréhensibles l'éloignement dans lequel Mgr Jacquenet l'a tenu et les humiliations qu'il lui a infligées. De ces humiliations nous nous bornerons à citer celle-ci : un jour que le doyen du chapitre se préparait, suivant la très ancienne tradition, à prendre le chef de saint Jean-Baptiste, pour le porter à la procession, un vicaire général vint, par ordre épiscopal, se mettre en son lieu et place!..... La mosette n'est pas plus respectée chez les chanoines prebendés que chez les titulaires, l'un d'eux est simple commis au secrétariat de l'évêché !

Malgré ces traitements, les chanoines, comme tous les autres membres du clergé, n'en restent pas moins les fils soumis du chef spirituel de l'église d'Amiens.

De la mise à l'index des conseillers de Mgr Guilbert, il s'en suivit des mesures regrettables sur lesquelles nous ne nous arrêterons que très peu.

Pour remplacer MM. Fallières et Renouard, le nouvel évêque appela au grand vicariat MM. Daveluy et Le Roy.

M. Daveluy, le vertueux et populaire doyen de Saint Germain, quitta sa cure avec une abnégation apostolique; aux côtés de Sa Grandeur, il se renferma dans un rôle passif imposé ; il se fit humble et s'effaça ; mais dans les tournées pastorales l'attention et les sympathiques trop visibles allaient vers lui. Mgr en fut-il froissé ? On le dit.

Toujours est-il que le grand vicaire fut remercié et placé au doyenné de la Cathédrale, le premier de par l'ordre hiérarchique ; mais aussi l'un des moins enviés à cause de son triple assujettissement.

Ce qui tendrait à prouver que M. Daveluy fut une victime de la volonté épiscopale, c'est qu'il ne fut pas nommé vicaire général honoraire en quittant le titulariat ni compris dans la distribution de la croix de Jubilé que Mgr remit à ses vicaires généraux et autres archiprêtres, ses confrères.

M. l'abbé Fréchon, simple vicaire, recueillit la succession de M. Daveluy.

Quoiqu'il soit un prêtre correct et non sans valeur, son sermon au *Triduum* de Sainte-Anne l'a prouvé, son élévation trop rapide fut mal accueillie ; d'autant plus que Mgr avait trouvé quelques jours auparavant que M. l'abbé Mollien, chanoine honoraire, aumônier de Louvencourt, et appartenant à une très honorable famille de la ville, était trop humble en grade pour prétendre au doyenné de la Cathédrale,

On voudra bien croire que ce n'est pas sur une sollicitation de M. Mollien que cette réponse fut faite à l'évêché.

Les honneurs ont altéré l'humilité naturelle de M. Fréchon, dont le rôle le plus important est la collaboration aux mandements épiscopaux.

La succession de M Renouard échut de la façon la plus inattendue à M. l'abbé Le Roy, un très honorable prêtre, docteur en théologie et en droit canon, aimant le calme et le recueillement et pour qui le vicariat général est une pénitence.

C'est généralement lui qui prend la parole dans les tournées épiscopales.

Parmi les nominations dans le clergé, nous ne rappellerons que les plus importantes et succinctement.

M. Postel, prêtre correct, charitable, ménageant tout le monde, fut porté au doyenné de Saint-Germain où il n'a rien changé à son tempérament.

M. Floury fut envoyé à Saint-Jacques d'Abbeville, et M. Sénéchal à Saint-Sépulcre de Montdidier; ce sont deux excellents prêtres, mais qui ne sont pas dans le milieu qui leur plaît ; si Mgr avait écouté des voix autorisées, il aurait donné un autre champ à l'activité de ces ecclésiastiques.

La reconstitution du collège de la Providence rendit MM. Leroux, directeur, et M. Dépreaux, préfet, à la disponibilité; une compensation s'imposait à leur égard: M. Dépreaux fut envoyé à Combles, le choix fut approuvé; mais on se demanda pourquoi son supérieur était envoyé à Villers-Bocage, l'un des plus modestes doyennés ? On prétendit qu'il s'était aliéné, à l'occasion d'un sermon rentré, l'un des conseillers intimes de l'évêché.

Des autres nominations ayant une nuance politique, nous en parlerons plus loin. Sans nous arrêter sur certains déplacements, nous nous ferons cependant un devoir de reconnaître que Mgr Jacquenet tient à la correction de son clergé; il en punit les écarts et les séminaristes ne sont pas à l'abri de sa sévérité.

---

D'après l'opinion unanime du clergé, l'épiscopat de Mgr Jacquenet ne serait autre que le gouvernement de M. Vitasse (en entendement avec M. Dewoskowski) que l'on a surnommé Sa Grandeur Noire. Nous pensons qu'il y a dans cette croyance, une certaine exagération; mais comme on la rencontre accréditée aux quatre coins du diocése, nous la consignons.

L'éducation ni l'éloquence de M. Vitasse ne le désignaient pour le poste de vicaire à la Cathédrale. Sa voix de basse-taille? Peut-être. La tenue qui impose lui fait défaut. A l'église, son sans-gêne est moins qu'édifiant pour les fidèles: nous l'avons vu d'une familiarité blessante, (rien qui ait porté atteint aux bonnes mœurs), envers de jeunes filles, et témoigner moins d'égards envers ses frères dans le sacerdoce, qu'un colonel n'en a pour un simple soldat! Comme prédicateur, il est ordinaire; comme écrivain, il lui manque la somme de talent nécessaire pour parler aux prêtres qui doivent être les lecteurs nés du journal qu'il rédige: *le Dimanche.*

L'origine de la faveur de M. Vitasse à l'évêché

dont M. Fallières lui ouvrit les portes, est diversement expliquée; la critique qui s'attaqua à lui le posa-t-elle en victime? Sut-il apporter quelque dérivatif à la monotonie qui règne à l'évêché? Ou encore intéresser par les bruits du dehors? Ce sont des questions que nous ne nous chargerons pas de résoudre.

Ce crédit que l'intéressé laisse s'accréditer ou s'applique à démentir, suivant les circonstances, existe-t-il réellement? Nous le croyons. Pour établir cette croyance, nous nous bornerons à citer quelques-uns des faits que nous connaissons.

M. Vitasse obtient la lucrative et agréable direction du journal officiel du diocèse. — Il monte de plusieurs échelons dans le vicariat de Notre-Dame et il obtient la mosette. Cet avancement sur place, dans le vicariat de la Cathédrale que Mgr considére au-dessus de n'importe quelle desservance, est remarquable. — Des dissentiments éclatent entre lui et deux de ses collègues, ce sont ceux-ci, unanimement absous par leurs collègues, qui sont cruellement sacrifiés. — Une place de vicaire est vacante à Notre-Dame, c'est son plus intime ami qui l'obtient et pour lui on foule aux pieds les statuts synodaux. — A l'évêché, en des circonstances que nous glisserons parce qu'elles touchent à la vie privée, la place d'honneur lui est accordée.

Nous n'insisterons par davantage.

---

Quand Mgr Jacquenet vint à Amiens, le *Dimanche*, journal officiel de l'évêché, avait à sa tête un directeur, M. l'abbé d'Hallu, qui conservait les belles traditions de ses prédécesseurs, MM. Corblet et Salmon ; cette petite feuille, par ses études, sa science, son tact, présentait un véritable intérêt, aussi la trouvait-on chez tous les ecclésiastiques.

Mgr qui voulait que le diocèse *fut lui*, commença par porter atteinte à l'indépendance du directeur, il lui donna des ordres, sous forme d'avis, et exigea la communication des épreuves. M. d'Hallu fit des représentations, et un petit refroidissement s'en était suivi lorsqu'il partit pour un voyage à Rome, après avoir prié son ami et confident, l'abbé Vitasse, de le remplacer en son absence.

M. d'Hallu alla à Rome ; mais il revint par Bordeaux dont le nom seul faisait entendre des *grincements à l'évêché*. A son retour, son discrédit était complet ; l'ami et le confident intérimaire avait pris sa place ; il la garda.

Plus tard, Mgr donna au disgracié une aumônerie à la Visitation ; ce fut une compensation.

Le *Dimanche* continue à paraître rédigé avec une banalité que ne peuvent chasser les discrets et délicats articles de l'abbé Simon. Mgr donne le visa à la copie qui prodigue l'encens en son honneur. — « Tant de vertus et mérites lui sont accordés, qu'il n'en reste plus pour les saints », s'écrient de bons prêtres. Et ils ont raison.

Le *Dimanche*, organe des sentiments de Mgr Jacquenet, publication qui devrait être un enseignement de fraternité chrétienne, laisse souvent ses lecteurs en proie à de tristes méditations ; s'il annonce les décorations de la reine d'Espagne ou autres, qui pleuvent sur l'aumonier d'un châtelain et lui adresse publiquement ses hommages, il n'a trouvé que quelques lignes bien pâles pour célébrer l'élévation de Mgr Renouard au pontificat, il n'a jamais appris à ses lecteurs la nomination de Mgr Guilbert au cardinalat, ni écrit une ligne sur le sacre de Mgr Fallières.

Ces prélats tenaient cependant d'assez près à l'Église d'Amiens, pour que le journal de cette *Église* en parlât.

---

Les écoles congréganistes, et une autre école ecclésiastique qui avaient toujours trouvé aide et protection chez les évêques d'Amiens, ne rencontrèrent en Mgr Jacquenet que froideur et, même, méfiance.

Le comité laïque qui se consacrait à recueillir les offrandes, se vit méconnu dès le premier jour ; Mgr cessa de le réunir et de le consulter. Devant cet outrage, les membres donnèrent leur démission. Depuis Mgr gère à sa guise, et on ne dit pas que la caisse des écoles soit prospère, sans un secours de 500 francs, donné par l'Association des anciens élèves des frères, on n'aurait su comment meublér, l'école supérieure de la rue Laurendeau.

A l'école Saint-Martin, sa Grandeur rencontra moins de soumission qu'au comité, ce qui l'obligea à montrer une hostilité que feu Deberly, le député, qualifia de « républicaine »...

S'il est un lieu où on conserve le souvenir des bienfaiteurs, c'est assurément à l'Ecole de la rue des Trois-Cailloux. On ne s'y entretient qu'avec respect et reconnaissance des évêques Boudinet Bataille, Guilbert, Fallières, qui tous ont aidé l'institution de leur bourse ou de leur influence morale; leurs portraits, peints de main de maître, sont appendus aux places d'honneur et vénérés. Ce culte du passé devait être marqué de réprobation par celui pour qui le passé n'est rien. « Que me fait le passé ? » dit Mgr Jacquenet quand on lui parle des errements de ceux qui l'ont précédé. Et il le fut. Le chef désigné des *reconnaissants*, M. l'abbé Limichin, supérieur de l'École, devait être frappé par des moyens qu'il nous coûte d'avouer.

On commença par lui refuser des professeurs; des lettres anonymes, (sur lesquelles des indiscrétions inquiétantes furent commises par des personnes bien en cour épiscopale) pleines de menaces, s'il ne résignait ses fonctions, lui furent adressées.

Nous ne parlerions pas de ces lâches factums, si leurs prédictions ne s'étaient réalisées de point en point.

Sa Grandeur envoya les abbés Deschamps et et Fréchon, co-propriétaires de l'École et qui jamais ne s'étaient inquiétés de sa marche financière, demander compte de la situation au directeur.

On dit que l'attitude des délégués envers M. Limichin, jusqu'alors ses amis, le froissa et qu'il les aurait congédiés avec une indignation laïque, tout en protestant de sa soumission à l'évêque, ou son délégué, régulièrement investi d'un mandat. Le fait nous paraît assez vraisemblable, mais nous ne l'affirmons pas.

Le mandataire fut M. Le Roy, qui trouva les écritures sincères et véritables, suivant l'expression d'usage, et l'affaire fut close.

Quelques mois après, le supérieur se présenta à plusieurs reprises, à l'évêché, pour inviter Mgr à venir donner la confirmation à l'école, et présider la distribution des prix. On l'évinça. Cepeant, à force d'instances de sa part, on lui écrivit ou on lui fit savoir que Mgr, offensé d'un propos qui aurait été tenu par lui et qui serait celui-ci : « Mgr n'a rien à voir à l'école ! ne s'y présenterait plus. Il est certain que depuis quatre ou cinq ans les élèves de Saint Martin vont recevoir la confirmation à la Cathédrale et qu'il n'y a plus de distribution de prix solennelle au pensionnat. Au pis aller, si nous admettons que les paroles incriminées ont été dites, notre conclusion sera celle-ci: Mgr avait des espions dans l'école..

La situation se tendit d'avantage, Mgr Jacquenet voulut à tout prix déplacer l'abbé Limichin, — son successeur était déjà désigné, — l'abbé résista au nom de ses droits ; l'évêque, impuissant, se vengea en supprimant de *l'ordo* ses titres de directeur et de professeur de l'école Saint-Martin.

A quelque temps delà, M. Deschamps, dont la situation de secrétaire général était ébranlée, fut nommé chanoine prébendé ; et M. Fréchon, simple vicaire, fut promus au vicariat général.

Un peu après, Mgr favorisa de tout son pouvoir la création d'un pensionnat de frères de la Doctrine chrétienne auquel ses prédécesseurs s'étaient toujours opposés. Nous dirons en passant que, pour arriver à leurs fins, les exécuteurs du projet de pensionnat commirent de grosses fautes : ils poussèrent à fonder une école dans le faubourg de Beauvais pour y envoyer les garçons de l'école Saint-Remy, afin de pouvoir installer le pensionnat dans ce dernier local devenu à peu près libre; on reconnut trop tard que les bâtiments étaient insuffisants, ce fut alors que l'on acheta l'immeuble de la rue Laurendeau.

Le nouveau pensionnat n'amènera pas un élève de plus aux écoles chrétiennes, il fera concurrence à Saint-Martin, un peu aussi aux frères de Saint-

Fuscien, et tout sera dit. N'aurait-on pas mieux agi en créant une école de filles sur la paroisse Saint-Honoré ? les garçons auraient continué d'aller à l'école Saint-Remi, et les frères du faubourg, devenus inutiles, eussent été faire la classe dans les pays où on ferme les écoles congréganistes faute de professeurs.

---

Les rapports de Mgr Jacquenet avec les autorités furent toujours excellents, parfois amicaux. A son arrivée, il fusionna délibérement avec les autorités pour l'ouverture d'une soucription au profit des grelés ; de son aumônière tomba la plus grosse part : 25 000 francs !

Il assista à la rentrée des Tribunaux qui venaient de supprimer la messe du Saint-Esprit ; il répondit à l'invitation au déjeuner que le préfet offrit aux conseillers généraux après la session où ceux-ci rayèrent du budget départemental l'allocation au Chapitre Il se rend chaque année au monument de Dury avec les autorités qui ne vont pas à la cérémonie de l'église, et se découvre au chant officiel de la *Marseillaise*. Tout cela peut être du savoir-vivre, et tend à prouver que Mgr Jacquenet sacrifie son ultramontanisme, quand il s'agit de rapports avec les puissants qui passent pour ne pas aimer l'Église.

M. Frédéric Petit, qui a plus d'emportements de

plume que de paroles, se montre dans ses visites officielles à l'évêché d'une urbanité qui pourrait servir d'exemple à plus d'un homme d'église. — Ces paroles sont d'un prêtre éminent. — Mgr use de réciprocité quand il va à la Mairie. Au reste un point commun rapproche le maire et l'évêque: l'opiniâtreté et le mépris de l'opinion publique.

Il en est de même à la Préfecture. M. Cohn, le doucereux israélite, était appelé « l'enfant de chœur de l'évêque ».

Avec les successeurs de M. Cohn, les relations continuèrent à être bonnes. A la préfecture on se bornerait à constater la lenteur des bureaux de l'évêché ; on n'en est pas fâché et on ne cherche pas à l'activer. L'arrivée de M. Christian donna l'occasion à Mgr Jacquenet, l'ultramontain ardent, de faire acte d'adhésion publique à la République. Voici les paroles qu'il prononça dans sa visite de réception officielle chez ce fonctionnaire: « Je prie, avec mon clergé, tous les dimanches, pour que Dieu protège et maintienne notre République. »

Le préfet ne s'attendait pas à cette déclaration.

La souplesse de caractère envers le pouvoir qui conduisit Mgr Jacquenet à Amiens et qui pourrait le mener à l'archiépiscopat, n'a pas été sans profiter à son clergé : le règlement sur la sonnerie des cloches fut fort attenué, grâce à lui ; le maintien de desservants existant par la tolérance, est encore un peu son fait ; si, aux dernières élections, on n'a thévenisé personne, c'est beaucoup parce que la conduite politique de l'évêque n'a cessé d'être correcte.

Mgr Jacquenet obtient, plus qu'il ne donne. des hommes politiques : les cures de Villers-Bocage et de Vignacourt furent enlevées de haute main, contre l'opposition du ministère.

A M. Frédéric Petit il répondit « par des *tons* inarticulés » à une demande de changement de paroisse en faveur d'un prêtre dont nous n'avons pas à nous occuper.

On cite, par contre, la desservance de St-Honoré d'Amiens, accordée à l'abbé Dieu, et le doyenné de Gamaches, donné à l'abbé Vaquette ; mais il était difficile de refuser à la requête d'un ancien député qui n'a pas perdu toute influence dans les sphères politiques prépondérantes ; MM. Gourdin et Maquennehen avaient été éconduits une première fois pour la cure de Saint-Jacques d'Abbeville, il était adroit de se rappeler leur protégé pour le premier doyenné vacant.

M. Dieu, à part une revendication inexorable des revenus paroissiaux, n'est pas déplacé au faubourg de Beauvais où il embellit l'église, et M. Vaquette saura se concilier toutes les sympathies deson nouveau canton.

(*A Suivre*).

120 — ANGERS — IMP. [illegible]

# NOTES

POUR SERVIR A

# L'HISTOIRE ECCLÉSIASTIQUE

## DU DIOCÈSE D'AMIENS

PAR LE VIDAME DE PICQUIGNY

II

EN VENTE



LIBRAIRIE HECQUET, RUE DELAMBRE

AMIENS

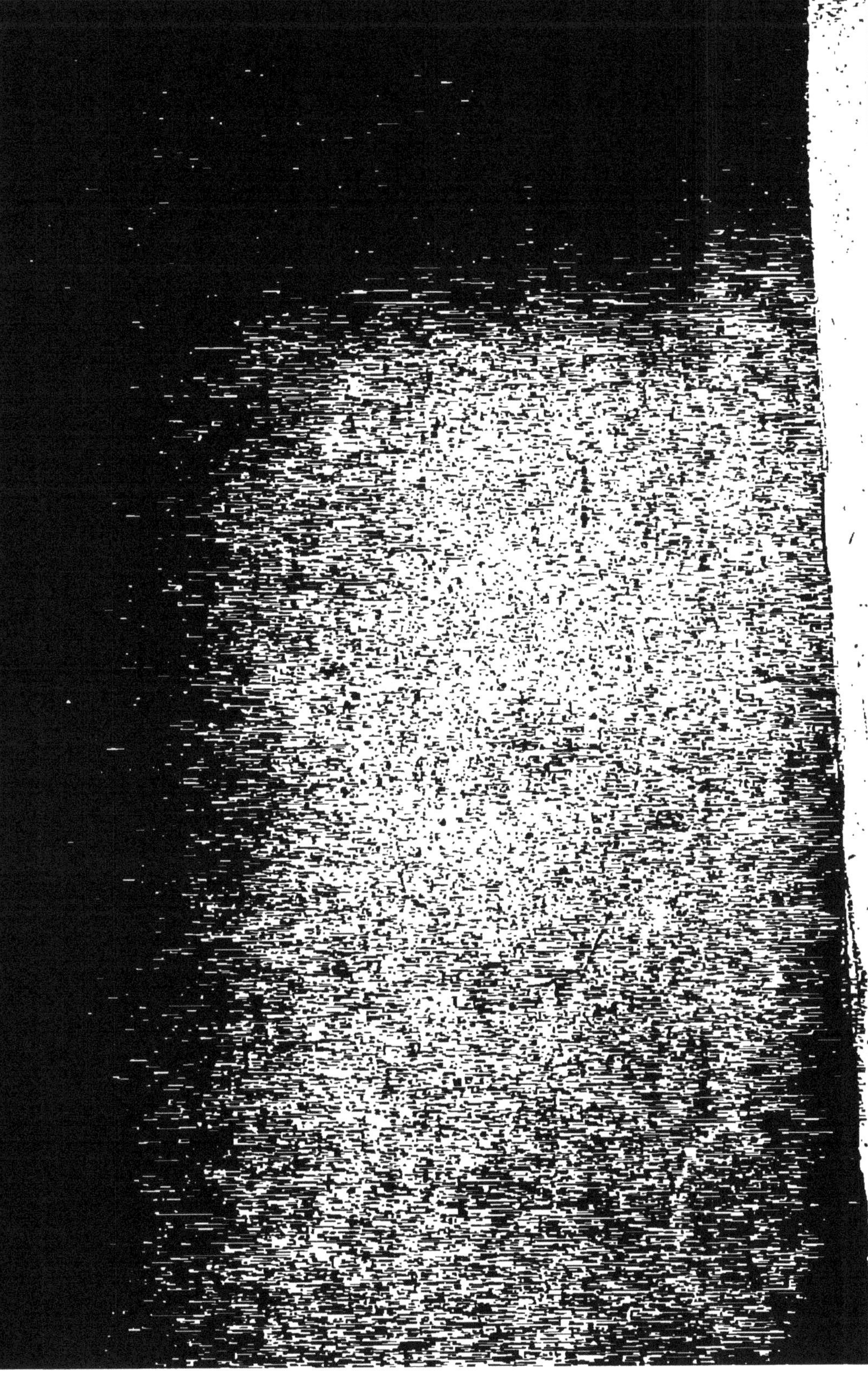

# NOTES

## POUR SERVIR A L'HISTOIRE ECCLÉSIASTIQUE

### DU DIOCÈSE D'AMIENS

# NOTES

POUR SERVIR A

# L'HISTOIRE ECCLÉSIASTIQUE

**DU DIOCÈSE D'AMIENS**

PAR LE VIDAME DE PICQUIGNY



---

**II**

**EN VENTE**

A LA LIBRAIRIE HECQUET, RUE DELAMBRE

AMIENS

# NOTES

POUR SERVIR A

# L'HISTOIRE ECCLÉSIASTIQUE

## DU DIOCÈSE D'AMIENS

PAR LE VIDAME DE PICQUIGNY

---

## II

---

### CORRESPONDANCE

« ... L'école supérieure des frères, fondée en 1879, par M. Fallières, était dotée à l'origine d'une subvention annuelle de 4000 fr. du Comité Central, qui fut réduite en 1885 à 3200 fr. et cessa, faute de ressources, au 1er Octobre 1889.

... On dut s'occuper d'assurer l'avenir. Il fut décidé que l'école Laurendeau, louée, deviendrait un pensionnat dans le genre de Passy-Paris et que les élèves de l'école supérieure y seraient admis gratuitement. Vous le voyez il n'y a pas de concurrence à St-Martin et à St-Fuscien.

... Après la fondation de l'école St-Honoré il

restait 160 élèves à St-Remi. St-Honoré a 100 élèves et en a refusé autant. Cette école répond donc à un besoin.

... Les évêques d'Amiens ne se sont pas opposés à la création d'un pensionnat de frères. C'est l'Institut qui a refusé la création d'un pensionnat jusqu'au jour où la mesure est devenue indispensable ».

L'aveu autorisé qu'il y avait 4000 fr. de ressources sous M. Fallières, et plus rien sous Mgr Jacquenet est précieux à enregistrer.

---

D'une volumineuse correspondance de M. Ferrare nous extrayons, quant à présent :

« ... Ce n'est pas Mgr Fève qui a écrit la biographie de Mgr Jacquenet ; mais P. Perny, missionnaire... ».

---

« Le mois dernier, je lisais dans le journal la *Semaine religieuse* du 14 Septembre : « *L'Etre ou ne pas l'Etre... ?* un nouveau volume de

Richard O'Monroy, autant dire une nouvelle petite merveille d'observation fine, s'alliant à la fantaisie la plus amusante et à la plus malicieuse gaieté, etc... L'amusant livre de Richard O'Monroy s'adresse donc à une catégorie bien nombreuse de lecteurs, — à l'humanité toute entière ! »

Sur cette recommandation j'achetais le livre recommandé pour le lire en famille, pendant la saison d'hiver. En jetant les yeux sur une feuille prise au hasard, je lus :

« ... La marquise espérait pouvoir s'en tirer rien qu'en enlevant son corsage, et, de fait, après avoir étalé sous les yeux de Jacques, toutes les splendeurs de sa poitrine marmoréenne, elle le laisse fouiller le pays en liberté, remontant le long des mamelons, descendant dans les vallées, soulevant les bras potelés et ronds, pénétrant même en chasseur consciencieux sous les aisselles touffues, véritables oasis où la puce aurait pu se remiser, mais celle-ci continua à rester invisible. Il fallut donc que la marquise se décidât à laisser tomber une à une les pièces de l'armure et à s'étendre sur les salamandres dans le costume que prit en son temps la princesse Pauline Borghèse pour poser devant Canova. Ce n'était pas d'ailleurs des régions inexplorées : Jacques les connaissait pour les avoir parcourues maintes fois non seulement du regard... ».

*L'Etre ou ne pas l'Etre* contient, en 320 pages 33 histoire de ce genre dans lesquelles les prêtres et les reliques jouent leur rôle.

Je jetai le livre au feu et je défendis à la *Semaine religieuse* l'entrée de ma maison ».

X.

# NOTES

## *d'Août à Novembre 1890*

---

Mgr Jacquenet a pourvu à la vacance de quatre décanats : Nesle, Ham, Saint-Sépulcre d'Abbeville et Rue.

M. Fouard, curé de Lihons, fut nommé, sans opposition ministérielle, curé de Nesle ; après des négociations très longues et qui faillirent amener une lutte ouverte entre l'évêché et le Gouvernement, M. Fouilloy, curé de Miraumont, homme de grands moyens et de conciliation, fut promu au doyenné de Ham.

M. Leclerc, curé de Rue, ancien *vicaire général* à Abbeville, de Mgr Boudinet, fut appelé à Saint-Sépulcre et M. Choque, curé d'Athies, le remplaça à Rue.

Notre intention étant de passer en revue tous les doyennés du diocèse, nous reviendrons sur les nouveaux nommés, avec détails sur ce qui put motiver la préférence dont ils furent l'objet, et les diverses phases des négociations poursuivies pour obtenir leur agrégation. Nous dirons pour le moment que leur élévation est presque unanimement approuvé. — Le clergé picard est si riche en hommes de valeur et de mérite, que pour faire un mauvais choix il faudrait le vouloir — mais presque unanimement aussi, on trouve que l'avancement par ordre hiérarchique continu a être brisé dans le diocèse d'Amiens.

---

L'agrégation d'un titulaire au siège libre au Chapitre depuis le départ de Mgr Renouard, fut une affaire très laborieuse; Monseigneur proposait M. de Brandt, chanoine prébendé et le ministre demandait un autre candidat.

Le Prélat insistait pour M. de Brandt dont il a fait son confesseur ; l'Excellence se refusait à accepter un homme « qui passe pour un illuminé, s'adonne aux prophéties et pourrait exposer le diocèse à certaines difficultés s'il devenait vicaire capitulaire ».

Monseigneur temporisa sans jamais lâcher son protégé; à la fin le Gouvernement céda. Ce fut une nouvelle victoire à ajouter à celles déjà remportées par Mgr Jacquenet sur le pouvoir civil. Quand il en comptera encore quelques-unes de ce genre, il pourra être satisfait; alors, le Chapitre sera composé d'hommes de son choix et l'antique formule : « Après avoir consulté nos Vénérables

Frères du Chapitre » pourra renaître en tête des mandements épiscopaux.

---

Deux chanoines honoraires ont aussi été nommés, ce sont : M. Saguez, curé de Marcelcave, et Mgr de Ragnau, chapelain de Moreuil.

M. Saguez fut élevé au canonicat à l'occasion de son cinquantenaire. C'est un bon prêtre qui a beaucoup embelli son église, qui a lié et gardé d'étroites relations avec M. Tonnel, conseiller général et en qui on voit un futur député ; il a reçu la mosette comme un vieux soldat reçoit la médaille militaire, par ancienneté de service. — Chacun ne peut gagner la croix sur le champ de bataille. — Mgr Jacquenet a ajouté à la distinction flatteuse qu'il accordait à ce vénérable ecclésiastique, en assistant à la célébration de son jubilé.

La nomination de Mgr de Ragnau, chapelain du château de Moreuil, a causé une surprise d'autant plus grande que le nom du Prélat ne figure pas à l'*ordo*. On ne voit pas non plus quels services il a pu rendre à l'église d'Amiens..? Il se pourrait que cet honneur lui ait été accordé comme un hommage à la mémoire de la marquise de Rougé, sa châtelaine, qui a légué à Léon XIII le château de Moreuil ; mais en ce cas, l'acte de reconnaissance, si reconnaissance il y a, n'appartenait-il pas au Pape plutôt qu'à l'Évêque? D'un autre côté, on s'est plu à chercher moins haut et on a vu en cette affaire l'influeuce de M. Vitasse. Le directeur du journal de l'évêché, a-t-on dit, s'est toujours montré prodigue d'éloges envers le chapelain de Moreuil qu'il a suivi de la plume jusque dans un sermon donné à Valence de la Drôme ! On dit encore que le directeur et le chapelain entretiennent ensemble des rapports intimes et, comme preuve, on ajoute que le Prélat fut le commensal de l'Abbé le jour de son installation. Toutes ces raisons sont vraisemblables ; mais quant à présent on reste sujet aux suppositions.

L'entrée de Mgr de Ragnau dans le canonicat, fut accueilli avec une satisfaction non dissimulée par les chanoines titulaires. — Il est vrai que ce corps privilégié ne reçoit pas tous les jours un prélat de la maison du pape, docteur en théologie, en droit canon, auteur de plusieurs ouvrages dont on dit du bien, peintre et musicien à ses heures et, de plus, l'homme le plus chargé de titres honorifiques de tous les prélats français. — Le docte chanoine Crampon et le chanoine le mieux en cour d'évêché, M. de Brandt, furent ses parrains et le Doyen du Chapitre lui adressa un discours qui fit repêter que M. Hénocque « est plus le thuriféraire que le doyen du Chapître ». Le récipiendiaire répondit en excellents termes, et pria ses nouveaux collègues d'accepter un reliquaire, comme don de joyeux avènement.

Outre le cinquantenaire de M. l'abbé Saguez, celui de M. Delplanque, curé de Villers-Bretonneux, a aussi été célébré avec une grande solennité.

L'abbé Delplanque a su s'attirer la sympathie générale dans un pays où les grosses têtes politiques font la guerre au curé jusque dans le cimetière, et où des apôtres libres penseurs étalent bruyamment leur irréligion. A son jubilaire il put compter des membres de la municipalité Villeroise et lire une lettre d'excuse de M. Dieu, l'ancien député, d'un républicanisme très avancé. M. Delplanque est aussi très estimé de ses confrères plusieurs centaines d'entre eux répondirent à son appel, et, par surcroit, Monseigneur voulut bien accepter la présidence de cette cerémonie et assisterau banquet qui fut offert par le vénérable prêtre à tous ses invités.

La journée laissa le souvenir d'une fête admirable où la fraternité tint plus de place encore que la bonne confraternité ; malheureusement, il y eut deux ombres, ou, si on veut, deux incidents qui jetèrent un froid dans cette belle réunion et qui lui enlevèrent de son caractère familial.

A la messe, suivant la coutume, on alla à l'offrande ; mais lorsque Monseigneur vit le plateau il fronça le sourcil et commanda : « Otez-moi ça ». Le plateau fut enlevé et les prêtres remirent leurs pièces blanches dans leur bourse. On comprendra que leur délicatesse dût en souffrir.

Après l'office, les marguillers voulurent perpétuer le souvenir de la grande solennité du jour en l'inscrivant sur leur registre de délibérations. Le président pria Monseigneur d'apposer le premier sa signature au bas de l'acte commémoratif ; Sa Grandeur répondit : « Je suis évêque, je ne suis pas fabricien « — « Monseigneur, de par votre titre d'évèque, vous êtes président d'honneur de notre conseil » insista le président ; l'Evêque répéta sa première réponse et ne signa pas.

Ce refus laissa une impression pénible dans toute la petite ville. — « Quand on présente une truelle et du mortier à un chef d'Etat pour poser une première pierre, il la pose, et cependant il n'est pas maçon » disait un homme qui tient une grande place dans le pays. Mgr Jacquenet s'aliène toutes les sympathies et n'en gagne jamais.

---

Comme les années précédentes, Mgr. Jacquenet a assisté aux distributions de prix du lycée et des grands établissements religieux du diocèse, l'école Saint-Martin exceptée. A Saint-Riquier, suivant les ordres épiscopaux, on a continué à jouer le drame antique en costumes modernes (Cet anachronisme a jeté dans les traditions du petit Séminaire un bouleversement dont on a grand peine à se remettre). A Montdidier où on est moins classique, on n'a pas eu à s'occuper des toges ni des cothurnes ; mais on a beaucoup commenté un incident assez significatif qu'un journal a dénaturé et que nous allons rétablir dans sa vérité.

Le collège de Montdidier est dirigé par M. Chef-d'hotel, ancien procureur du grand Séminaire où il s'est acquis une sympathie que tous les séminaristes ont répandu aux quatre coins du diocèse ; depuis un an, M. Chefd'hotel était avisé que les sœurs chargées de la lingerie et de l'infirmerie de l'école allaient être rappelées à leur maison mère (pour cause de réforme dans l'ordre) ; longtemps, sans y parvenir, il avait cherché à les remplacer lorsqu'il réussit à trouver des sœurs dans une congrégation bretonne du diocèse de Saint-Brieuc. Heureux du résultat, M. Chefd'hotel s'empressa d'en faire part à Monseigneur le jour de la distribution des prix ; Sa Grandeur ne répondit rien ; mais avant de partir elle fit appeler le directeur et lui dit : « Prenez des sœurs où vous voudrez ; mais pas dans le diocèse de Saint-Brieuc ».

Le coup atteignit-il Mgr Fallières ?.. Il fallait tirer si haut !

---

La vindication dont Mgr Jacquenet poursuit Mgr Falliéres, qui fut prophète à son égard, restera comme l'un des signes les plus caractéristiques de son épiscopat. L'évêque de St-Brieuc a occupé la presse française à plusieurs reprises : par l'inauguration du monument de Saint Yves, par la lettre au sujet des séminaristes soldats et par cette autre si éloquente au sujet des laïcisations ; jamais le *Dimanche* n'en a dit un mot !! Il est à remarquer que Mgr Fallières n'a appelé près de lui, ni accordé le canonicat à aucun prêtre du diocèse d'Amiens, et que, par contre, la presque totalité de notre clergé lui a envoyé son obole pour le tombeau de Saint Yves.

Mgr Renouard, assez bien en cour, s'est vu appeler *illustre* par l'officiel de l'évéché C'est qu'il a le don d'humilité et ne peut oublier que dans le diocése d'Amiens il fut toujours subordonné. Mgr Renouard, aime la Picardie où il aime venir se retremper, et se consoler de Limoges, pays sans piété, et ou un Chapitre est une puissance à côté de lui.

---

L'Abbé Bellard, vicaire de Cayeux-sur-Mer, a brisé une carrière, beaucoup trop agitée, par une fuite en Hollande d'où il a envoyé une lettre expliquant sa conduite et insérée au *Journal d'Amiens*.

L'abbé Bellard se pose en victime de sa politique, il déclare avoir été le courtier électoral de M. François, député d'Abbeville, avoir dressé un *splendide arc de triomphe* à M. de Douville-Maillefeu, dénoncé des actes qui nuisaient au développement des idées républicaines dans sa paroisse; pour ces causes, ajoute-t-il, il a descendu de desservance en desservance jusqu'au vicariat de Cayeux, et il reproche à Monseigneur de n'avoir consenti a aucune des enquêtes qu'il a demandées par quatre fois.

Au sujet de cette déplorable affaire, une personne éminente nous écrivait, pour être reproduites, les lignes suivantes :

« A quoi bon des enquêtes, puisque l'abbé politicien avoue ? La faute de M. Bellard n'est pas d'avoir été républicain. Est-ce-que l'Église ne dit pas : rendez à César ce qui est à César et à Dieu ce qui est à Dieu ? Est-ce que Mgr Jacquenet n'a pas affirmé à l'un des préfets de la Somme que « lui et son clergé, priaient tous les dimanches pour que Dieu protège et maintienne notre République. » Est-ce qu'il n'a pas dit à un conseiller municipal d'Amiens — « quand on revotera, c'est M. Fréd. Petit qui viendra en tête de ma liste » ?

Un prêtre est aussi un citoyen, il a droit d'avoir une opinion ; mais son caractère lui défend de faire de la politique militante et surtout contraire à sa religion dont il a juré d'être le défenseur ; si Monseigneur adresse au Ciel des prières, c'est pour une République conciliante ; mais pas pour celle dont M. Bellard se fait le champion, celle qui chasse Dieu et proscrit la religion chaque fois qu'elle en trouve l'occasion ; or, MM. de Douville et François on voté ou sont les fermes soutiens des hommes qui ont inventé l'article 7, laïcisé avec un esprit de haine et de secte et envoyé les séminaristes à la caserne en attendant qu'ils fassent la séparation spoliatrice de l'Église et de l'État. L'abbé Bellard fut un mauvais prêtre et Mgr Jacquenet ne saurait être blamé dans sa manière d'agir à son égard. »

Les dissensions sourdes qui règnent entre le clergé et l'évêché, ont revêtu un caractère public et très aigu dans le canton de Corbie.

Le déplacement de M. Maret, curé de Hamelet, a amené M. Douillez son doyen, à prendre sa défense dans un petit opuscule dont nous allons donner un rapide extrait.

M. Douillez raconte les tribulations de son subordonné :

M. Maret, envoyé dans une petite paroisse, corrigea les abus contre le temporel de son église ; l'évêché, bien ou mal renseigné, le déplaça et l'envoya dans la plus mauvaise paroisse du diocèse où il fit du bien et d'où il sortit pour aller dans une autre qui valait, au point de vue chrétien, un peu mieux.

L'annexe de la nouvelle paroisse lui refuse le binage, il réclame, on discute, en fin de compte il a contre lui son doyen et l'évêché qui le menace d'interdit s'il ne quitte pas sa paroisse ; son affaire, bien étudiée, lui donne gain de cause et on lui offre de choisir parmi les paroisses vacantes. Il opte pour le Hamelet.

En arrivant dans sa nouvelle desservance, l'abbé Maret remet de l'ordre dans l'administration et tout marche bien lorsque la guerre éclate entre lui et la sœur institutrice.

Les griefs étaient ceux-ci (nous parlons toujours d'après M. l'abbé Douillez).

La sœur s'occupait de l'ornementation de l'église et l'ornait mal, elle chantait fort et chantait faux, elle déplaçait sans cesse les bancs de ses enfants et se mettait en vue ; le curé lui défendit d'orner, de chanter et fit clouer sa chaise (On se demande où est la femme en cette affaire). La sœur menace le curé de le faire sauter, c'est le curé qui fit sauter la sœur. L'école fut laïcisée, la commune refusa toute allocation à l'église, les chantres n'allèrent plus à l'office, les paroissiens mirent l'église en interdit et le préfet et l'évêque furent d'accord de changer l'abbé Maret.

L'abbé Douillez accuse M. Fréchon, vicaire général d'avoir embrouillé l'affaire sur les calomnies de l'instituteur d'Hamelet et écrit : « C'est qu'il (l'instituteur) était en rapport avec un jeune grand-vicaire qui avait eu le malheur d'entrer dans une maison hantée évidemment par un mauvais esprit ou bien les murs en sont saturés par un sel qui altère les meilleures constitutions. Celui qui écrit ces lignes ferait volontiers une large souscription pour la démolir, en jeter les pierres à la voirie et en reconstruire une plus saine.... ».

M. Fréchon répondait par la lettre suivante :

MONSIEUR,

Depuis le 26 Août dernier, jour ou vous avez dû recevoir mes quelques mots, *sous pli recommandé*, vous n'avez rien fait pour vous justifier de l'accusation portée contre vous : vous avouez donc être l'auteur de la brochure intitulée : « *Les épreuves d'un bon prêtre* ».

Soupçonnez-vous la gravité de la faute que vous avez commise en publiant, vous prêtre et curé doyen, ce libelle anonyme si justement qualifié de lâcheté. Il y a lieu d'en douter. Aussi je crois devoir vous faire parvenir les appréciations et les jugements qui sont portés sur votre œuvre. Elle est un acte de coupable révolte et de méchanceté contre vos supérieurs ; et ce sont de lâches indiscrétions et des imputations fausses qui en font les frais.

Votre pamphlet, monsieur, est une grave injure à notre évêque. Vous présentez Sa Grandeur comme sacrifiant facilement des prêtres, afin d'obtenir de l'Administration civile des concessions: c'est là une calomnie. Vous le savez bien, lors des dernières élections législatives, un certain nombre de prêtres et notamment deux curés de votre canton, étaient sous le coup d'accusations malveillantes. Tous ont été énergiquement défendus par Monseigneur ; pas un n'a été sacrifié. Il en fut de même aux élections de 1885.

Vous savez tout cela, monsieur ; aussi, je me demande avec quelle conscience, vous avez dans le prologue de votre brochure « protesté devant Dieu de votre véracité, et affirmé que votre récit n'est pas le produit de votre imagination ».

Le changement de M. Marest était jugé nécessaire par Monseigneur avant l'intervention de M. le préfet : voila la vérité. Du reste, je ne veux pas m'arrêter à signaler les diverses faussetés que vous ont suggérées votre imagination et votre colère.

Vous êtes doyen, monsieur, et à ce titre, lorsque vous êtes venu m'entretenir il y a quelques mois des affaires d'Hamelet, j'ai cru pouvoir et devoir même vous dire franchement ce que j'en pensais, ce que j'en savais ; je vous ai appris moi-même certains torts, certaines fautes des adversaires de M. Marest ; je vous ai parlé avec une entière franchise afin de vous éclairer et de m'éclairer moi-même. Je ne pouvais croire que l'aveuglement la violence et la passion vous conduiraient jusqu'à abuser de mes confidences et des renseiguements que je vous ai communiqués comme au représentant et au délégué de Monseigneur dans le canton de Corbie.

Quelle illusion et quelle erreur !! Ces confidences et ces indiscrétions que le secret professionnel devait mettre à l'abri de vos indiscrétions, vous les livrez, vous les exploitez dans votre pamphlet. Je ne qualifierai pas cette conduite : je veux m'épargner de la flétrir comme elle le mérite.

Votre prédécesseur à Corbie fut aussi un faiseur de pamphlets et de libelles injurieux contre l'autorité diocésaine. C'est donc « vous qui habitez un presbytère hanté par un mauvais esprit. »

Vous le voyez, monsieur, elle se retourne contre vous, cette injure que vous adressez gratuitement et avec tant d'inconvenance à l'un de mes vénérés prédécesseurs et à moi.

Je vous souhaite, M. le Doyen, que vous soyez capable de le comprendre : votre mauvaise action et le scandale qu'elle donne exigent une réparation.

En attendant, je vous offre l'assurance des sentiments que je vous dois.

*Signé :* A. Fréchon.
V. G.

M. Douillez a répondu a cette lettre par une autre adressée à plusieurs de ses collègues. Après avoir dit que l'épître de M. le grand vicaire « copiée par des mains complaisantes avait été répandue aux quatre coins du diocèse », il continue :

« J'ai défendu un prêtre, un vieillard malade, innocent, j'ai été traité comme un menteur indigne de confiance, comme un suborneur de témoins, obtenant des certificats de complaisance, comme un homme sans conscience... Je me suis contenté de prouver que M. Fréchon plaçait mal et avec une précipitation déplorable la confiance qu'il refusait à un doyen, pour cela je suis traité de lâche!.. cependant si mon nom n'est pas sur la brochure, il était évident qu'on l'y mettrait promptement... Quel est le plus lâche de celui qui, faible lui-même, prend la défense d'un plus faible opprimé, ou de celui qui s'étant laissé tromper ne veut pas reconnaître son erreur malgré les preuves qu'on lui donne ?.

M. Fréchon parle d'un entretien où, dit-il, il a essayé de m'éclairer et de se renseigner, m'apprenant même des torts des adversaires du curé ; ce n'est pas ainsi que les choses se sont passées ; loin de là ! Il m'a saisi au passage, au moment où je ne m'y attendais pas, pour me faire entendre une diatribe violente contre ce bon prêtre. Depuis bientôt cinquante ans, je n'avais jamais entendu ni un langage ni un ton semblable d'un grand vicaire. Les choses ont été si loin qu'indigné, je me suis écrié : M. le Vicaire général, je vous défends de me parler ainsi de ce bon prêtre. J'ai réfuté toutes ses imputations de vive voix et le lendemain par un écrit ; après quoi, calme de près de deux mois, jusqu'à l'intervention de M. le Préfet sollicité par le maire avec les motifs que l'on connaît.

Par conséquent, dans cet entretien, n'ayant rien appris, ayant réfuté des vétilles, je n'ai pu commettre d'indiscrétion... Il ne suffit pas non plus d'accuser de mensonges, il faudrait au moins en prouver un, un seul!... »

M. Douillez termine en disant que les injures et les grossièretés retombent sur ceux qui les profèrent; que M. Maret refuse de faire appel à l'autorité civile pour faire valoir les droits qu'il peut avoir.

De ces documents, il résulte que M. Maret est d'un commerce difficile; que M. le Doyen de Corbie est un brave cœur, mais un ferrailleur, et que M. Fréchon est à Corbie, comme nous l'avons vu à l'école Saint-Martin et comme nous le reverrons ailleurs, l'exécuteur des hautes-œuvres de l'évêché

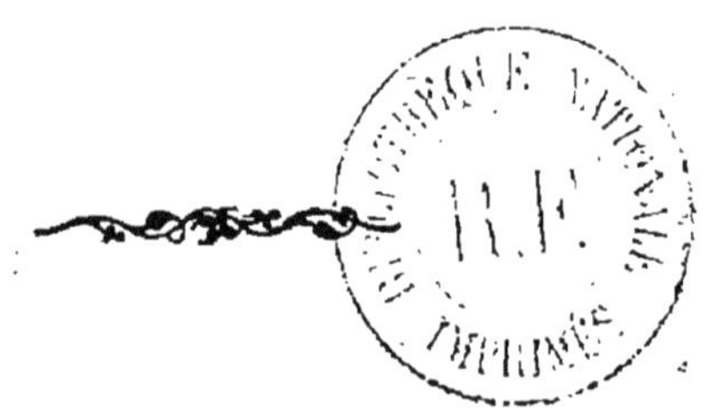

6482 — AMIENS — IMP. T. JEUNET

www.ingramcontent.com/pod-product-compliance
Ingram Content Group UK Ltd.
Pitfield, Milton Keynes, MK11 3LW, UK
UKHW021144220726
13924UKWH00003B/1013